F

MUMO DE SINRO

Catalogage avant publication de Bibliothèque et Archives nationales du Québec et Bibliothèque et Archives Canada

Barcelo, François,
Premier frérot pour Momo de Sinro
(Momo de Sinro ; 10)
(Bilbo ; 175)
ISBN 978-2-7644-0667-0
I. Titre. II. Collection : Barcelo, François, Momo de Sinro ; 10.
III. Collection : Bilbo jeunesse ; 175.

PS8553.A761P733 2009 jC843'.54
C2008-942306-2
PS9553.A761P733 2009

Conseil des Arts du Canada Canada Council for the Arts

SODEC Québec

Nous reconnaissons l'aide financière du gouvernement du Canada par l'entremise du Programme d'aide au développement de l'industrie de l'édition (PADIÉ) pour nos activités d'édition.

Gouvernement du Québec – Programme de crédit d'impôt pour l'édition de livres – Gestion SODEC.

Les Éditions Québec Amérique bénéficient du programme de subvention globale du Conseil des Arts du Canada. Elles tiennent également à remercier la SODEC pour son appui financier.

Québec Amérique
329, rue de la Commune Ouest, 3e étage
Montréal (Québec) H2Y 2E1
Téléphone : 514 499-3000, télécopieur : 514 499-3010

Dépôt légal : 1er trimestre 2009
Bibliothèque nationale du Québec
Bibliothèque nationale du Canada

Révision linguistique : Annie Pronovost et Stéphane Batigne
Mise en pages : André Vallée – Atelier typo Jane
Conception graphique : Célia Provencher-Galarneau

Imprimé au Canada

BILBO
JEUNESSE

Collection dirigée par
Marie-Josée Lacharité

Du même auteur

Jeunesse

SÉRIE MOMO

Premier roman pour Momo de Sinro, Québec Amérique, 2008.
Premier mariage pour Momo de Sinro, Québec Amérique, 2007.
Première étoile pour Momo de Sinro, Québec Amérique, 2006.
Premier rôle pour Momo de Sinro, Québec Amérique, 2005.
Premier voyage pour Momo de Sinro, Québec Amérique, 2003.
Première enquête pour Momo de Sinro, Québec Amérique, 2002.
Première blonde pour Momo de Sinro, Québec Amérique, 2001.
Premier trophée pour Momo de Sinro, Québec Amérique, 2000.
Premier boulot pour Momo de Sinro, Québec Amérique, 1998.

Petit héros s'habille tout seul, ill. Marc Mongeau, Les 400 coups, 2007.
Petit héros monte les escaliers, ill. Marc Mongeau, Les 400 coups, 2007.
Les mains de ma maman, ill. Marc Mongeau, Éditions Imagine, 2006.
La fatigante et le fainéant, Soulières Éditeur, 2006.
Les pas de mon papa, ill. Marc Mongeau, Éditions Imagine, 2005.
Petit héros fait pipi comme les grands, ill. Marc Mongeau, Les 400 coups, 2004.
Petit héros fait ses premières dents, ill. Marc Mongeau, Les 400 coups, 2004.
Le nul et la chipie, ill. Anne Villeneuve, Soulières Éditeur, 2004.
Petit héros fait ses premiers pas, ill. Marc Mongeau, Les 400 coups, 2003.
Petit héros dit ses premiers mots, ill. Marc Mongeau, Les 400 coups, 2002.
Pince-nez, le crabe en conserve, Pierre Tisseyre, 1999.

Site Internet de l'auteur : www.barcelo.ca

Premier frérot pour Momo de Sinro

FRANÇOIS BARCELO

QUÉBEC AMÉRIQUE jeunesse

À ma petite-fille Véda Rose,
que j'ai eu le plaisir de garder
un après-midi lorsqu'elle avait un an
et demi. Ce jour-là, elle m'a donné,
sans faire exprès, l'idée de ce livre.
Et aussi à Antoine et Viola,
plus petits encore,
qui auront tout le temps
de m'en inspirer d'autres.

Le téléphone télépathique, ça marche !

Momo reste assis près du téléphone parce qu'il attend un appel. Ce qui est logique, mais pas indispensable. Il pourrait vaquer à ses occupations n'importe où dans la maison et aurait le temps de répondre si la sonnerie retentissait au moins cinq ou six fois.

Il pourrait aussi, tout en restant assis près du téléphone, commencer à lire un des cinq romans qu'il est allé chercher hier à la bibliothèque de Saint-Romain-des-Champs. (Normalement, on l'appelle la bibli de Sinro, mais Momo n'est pas du tout pressé, ce matin. Même son nom,

Maurice Monette, on a le temps de le dire en entier.) Par contre, rien n'est plus désagréable que de devoir interrompre sa lecture quand on est aux premières pages d'un roman et qu'on commence tout juste à s'intéresser aux personnages.

Entreprendre l'écriture d'un roman plutôt que d'en lire un ? Une interruption risque de lui couper l'inspiration et d'être fatale à son prochain chef-d'œuvre.

Mais qui donc doit téléphoner à Momo ? Non, ce n'est pas Jessica Laliberté, la fille qu'il appelle sa blonde même si elle a les cheveux châtains : elle est à Montréal, avec son père, pour rendre visite à son grand-père.

C'est plutôt Simon Dubois, que Momo a rencontré à la bibli, hier. Alors que Momo n'a pas peur de se lancer dans de gros romans de trois ou quatre cents pages, Simon n'emprunte que des bandes dessinées. Mais Lucie, la mère de Momo, qui est bibliothécaire bénévole en plus de travailler à la Coop (la quincaillerie du village), dit que si un enfant s'intéresse aux bandes dessinées, il finira peut-être par s'attaquer à de gros romans. Selon elle, s'il ne commence pas par des bédés, il ne lira jamais rien.

Simon a dit à Momo qu'il essaierait d'emprunter un bateau pour aller à la pêche le lendemain après-midi – aujourd'hui. « De toute façon, je te téléphone demain matin », a-t-il promis à Momo, qui a très envie d'y aller avec lui, parce que Jessica n'aime pas pêcher. Elle trouve que c'est faire souffrir les poissons inutilement. C'est vrai, mais si on n'attrape pas les petits poissons, les gros vont les manger et ce n'est pas tellement moins douloureux. Quand il passe la journée avec Jessica, Momo ne va jamais à la pêche. Il espère donc que Simon va l'appeler bientôt pour lui annoncer qu'il a trouvé une chaloupe.

Mais voilà : le téléphone s'obstine à ne pas sonner. Momo se lève pour vérifier qu'il est bien branché. La fiche au bout du fil semble enfoncée comme il faut dans la prise murale. Il a envie de mettre l'appareil à son oreille pour s'assurer que la ligne n'est pas coupée. Mais Simon risque de téléphoner juste à ce moment-là et tomber sur la tonalité occupée. Et il pourrait chercher un autre camarade pour l'accompagner à la pêche.

Ce serait bien, si la télépathie fonctionnait pour de vrai. La télépathie, c'est la transmission de pensée à distance entre deux personnes. Si ça existait vraiment, plus personne n'aurait besoin du téléphone.

Momo a tout à coup une idée : pourquoi ne pas en faire l'expérience tout de suite ? Dans sa tête, il répète trois fois les mots : « Simon, téléphone-moi immédiatement. » Ensuite, il les dit encore une fois, à haute voix :

— Simon, téléphone-moi immédiatement.

Il se produit alors un phénomène prodigieux : le téléphone sonne ! Momo, surpris, ne décroche pas dès le premier coup. Il laisse sonner une deuxième fois, et se ressaisit rapidement.

— Allô, Simon ?

En attendant l’aspirateur qui lave la vaisselle

Une voix qui n'est pas du tout celle de Simon Dubois se fait entendre après un moment d'hésitation :

— Est-ce que je suis bien chez les Monette ?

Momo reconnaît la voix tout de suite. C'est celle de son père, Emmanuel.

— Oui, papa.

— C'est toi, Momo ? Comment ça va, mon grand ?

— Bien. Et toi, papa ?

— Très bien. Tu sais où je suis ?

— À Nice ?

Emmanuel a un restaurant à Nice, une ville du sud de la France. « C'est sûrement là qu'il est », pense Momo. Il se trompe…

— Je suis à Montréal. Ta mère ne t'en a pas parlé ?

— Euh, oui, répond Momo en hésitant.

En fait, Lucie n'a pas dit à Momo que son père viendrait au Québec. Elle a oublié. Ou elle a craint que Momo ait de la peine si son père annulait son voyage. Ou, pire encore, s'il venait au Québec mais ne prenait pas le temps de voir son fils.

— On pourrait passer faire un tour cet après-midi ? demande Emmanuel. Vers treize heures ?

Momo hésite encore, parce qu'il comprend ce que veut dire ce « on ». « On », c'est Emmanuel, bien sûr, mais aussi sa deuxième femme,

Brigitte, et leur fils, le demi-frère de Momo.

À bien y penser, ce serait bien s'ils pouvaient venir vers treize heures, parce que Lucie serait encore au travail, et Momo la soupçonne de ne pas avoir la moindre envie de rencontrer Brigitte. Les rares fois qu'elles ont échangé quelques mots au téléphone, Lucie avait l'air furieuse même si elle parlait avec sa gentillesse habituelle.

— Oui, ce serait parfait.

— Ne préparez rien, surtout. On va rester quelques minutes seulement, juste le temps de te présenter ton frérot.

Momo raccroche. Ouf! Ils l'ont tous échappé belle. Emmanuel sera reparti avec sa femme et son fils avant que Lucie ne rentre de la Coop. Pas de rencontre, pas de querelle, pas de problème.

S'ils semblent vouloir rester trop longtemps, Momo prétendra qu'il a promis à un ami de l'accompagner à la pêche. Ce qui sera parfaitement vrai dès que Simon aura téléphoné.

Midi, déjà. Momo a une heure devant lui. Il met un peu d'ordre dans le salon. Il réunit en une seule pile ses livres dispersés dans toute la pièce. Il donne aussi un coup d'aspirateur, et comprend enfin pourquoi Lucie se plaint de ne pas avoir un aspirateur central, qui permettrait de se promener avec un boyau au lieu de traîner cet appareil encombrant, surtout dans l'escalier.

Il se fait un sandwich au thon, lave et essuie la vaisselle d'hier et du petit-déjeuner en regrettant encore une fois, comme Lucie, de ne pas disposer d'un lave-vaisselle. L'idéal, ce serait un lave-vaisselle-aspirateur central tout-en-un.

Voilà ! Tout est beau. Il y a du lait dans le réfrigérateur si le bébé en a besoin. Du jus d'orange pour son père qui ne boit plus de vin ni de bière. S'il a changé, Momo pourra toujours ouvrir la bouteille de rosé qu'il y a au frigo. Que dira Lucie quand elle s'apercevra que le rosé a disparu ?

Momo n'aura pas le choix : il va mentir. Il pourrait casser la bouteille vide sur le plancher de la cuisine et dire qu'il l'a fait tomber accidentellement. Il déteste mentir, mais n'a pas du tout envie que sa mère se lance dans de longues diatribes contre Emmanuel. C'est son père, après tout. Et les rares fois que Lucie s'est laissée aller à parler contre lui, Momo a été encore plus mal à l'aise que si elle l'avait grondé, lui. De toute façon, rien ne permet de supposer que son père a cessé de cesser de boire.

Midi cinquante-cinq. Il ne reste plus qu'à attendre. Bizarrement, Momo découvre qu'il y a plus long encore qu'attendre quelque chose dont on a envie : attendre une chose qu'on redoute. Parce que le temps passe maintenant beaucoup plus lentement que lorsque Momo attendait l'appel de Simon. Plus Emmanuel tardera à arriver, plus Brigitte et Lucie risqueront de se rencontrer. « Le temps est une chose relative », disait monsieur Einstein. Et il avait parfaitement raison, constate Momo en se rendant compte qu'il jette un coup d'œil à l'horloge de la cuisine toutes les minutes alors qu'il a l'impression de ne le faire qu'une fois par demi-heure.

Les plus
beaux rêves
sont les plus
silencieux

Tiens, du bruit dans le gravier de l'entrée. Treize heures vingt. Momo se précipite à la fenêtre : une petite voiture rouge vient d'arriver et se gare à côté de la maison.

Il sort pour accueillir ses invités – qui se sont invités eux-mêmes, mais cela ne les empêche pas d'être des invités.

— Bonjour, Momo, dit Emmanuel en descendant de la voiture. Viens me donner un coup de main pour sortir ton frérot.

Pas d'accolade, pas d'effusion de joie. Même pas de poignée de main, comme si Momo et son père s'étaient vus ce matin alors que leur dernière rencontre remonte à un an ou presque. Momo préfère ça, d'un certain côté, comme si son père et lui étaient des copains plutôt qu'un père et un fils. Il n'empêche que, quand on a déjà des copains, avoir un père c'est probablement mieux.

Emmanuel ouvre la portière arrière de la voiture. Un bébé est là, dans un siège pour enfant. Il vient de se réveiller et se frotte les yeux avec ses minuscules menottes. Il a des cheveux blonds, tout bouclés, alors que Momo a les cheveux plus foncés et pas du tout frisés. Ce demi-frère-là ne lui ressemble pas du tout.

— Bonjour..., commence Momo pour lui souhaiter la bienvenue.

Mais il s'arrête en se rendant compte qu'il ne connaît pas le prénom de son demi-frère. Ou bien on ne le lui a jamais dit, ou bien il l'a oublié.

— Il s'appelle Francis, annonce aussitôt Emmanuel, qui a deviné le trouble de Momo. Mais tu peux l'appeler Fanfan, tout simplement.

— Allô, Fanfan, fait alors Momo à son frère, sur le ton le plus amical possible.

Mais il le regrette aussitôt, parce que le petit lève les yeux vers lui, pince les lèvres et gonfle les joues avant de lui lancer un grand « pfffrouttt » accompagné d'une pluie de gouttes de salive.

Cela fait rire Emmanuel. Momo, lui, ne trouve pas ça drôle du tout. Jusqu'au moment où il prend conscience qu'il manque quelqu'un dans la voiture. Brigitte n'est pas là. Il aurait envie de crier « Youpi ! »

Soulagé de ne plus être pressé de se débarrasser de ses visiteurs, il les fait entrer dans la maison et les précède dans le salon, où ils pourront s'asseoir confortablement. Mais Emmanuel a une meilleure idée :

— On serait mieux sur la galerie, en arrière. Il fait trop beau pour rester dans la maison.

C'est vrai. Il fait un soleil resplendissant. Ni chaud ni froid, comme si tout Sinro s'était doté de la climatisation centrale.

Les voilà donc tous les trois face à la rivière. Emmanuel s'assoit dans un des fauteuils en rotin, avec Fanfan sur ses genoux.

— Veux-tu quelque chose à boire ? demande Momo.

— De l'eau, ce serait bien.

— On a du vin, aussi, annonce Momo, parce qu'il est curieux de voir si son père va refuser.

— Tu sais bien que je n'en bois plus.

Cela fait plaisir à Momo. L'amour immodéré d'Emmanuel pour toute forme d'alcool était ce que Lucie détestait le plus de son mari. Momo sait que c'est pour ça qu'ils se sont séparés. Si Emmanuel a vraiment cessé de boire depuis si longtemps, serait-il possible que Lucie accepte de vivre de nouveau avec lui un jour ? Momo sait que non, maintenant que son père s'est remarié et qu'il a un enfant de sa deuxième épouse. Mais rien ne lui interdit d'en rêver, pourvu qu'il le fasse en silence.

Une Lucie que Momo n'a jamais vue

Momo revient de la cuisine avec un verre d'eau glacée. Emmanuel prend une grande gorgée. Momo s'assoit, regarde la rivière en silence et en rêvant à vous devinez quoi : qu'un jour, ils seront là pour de bon tous les trois, comme quand il avait cinq ans – Emmanuel, Lucie et lui. Et pourquoi pas Fanfan aussi, tant qu'à faire ?

— Tu veux le prendre ?

— Quoi ?

Momo est brusquement tiré de sa rêverie. Son père se lève, lui tend le bébé. Oui, Momo veut bien prendre son petit frère sur ses genoux si ça peut aider à transformer son rêve en réalité.

Mais dès que le petit est dans ses bras, il se met à pleurnicher et à gigoter. Tant et si bien qu'Emmanuel se sent obligé de le reprendre et d'expliquer :

— Il est très farouche, tu sais. Et puis le voyage l'a épuisé.

Momo est prêt à l'admettre. Surtout prêt à se passer de ce petit monstre, qui n'a pas l'air d'aimer son grand frère plus que nécessaire.

Emmanuel l'interroge sur son école, sur ses amis. Momo ne parle pas de Jessica. Parce qu'il en a honte ? Non. Parce que c'est son affaire à lui, pas celle de ce père qui repartira bientôt en l'abandonnant une fois de plus.

Tout à coup, l'attention de Momo est attirée par un bruit qui vient de l'intérieur de la maison. Une porte que le courant d'air a fermée ?

Emmanuel n'a rien entendu et raconte sa vie avec Brigitte. Leur restaurant niçois, Le Loup jaloux, vient d'obtenir une étoile dans un guide gastronomique. Mais ils vont peut-être en ouvrir un à Paris s'ils réussissent à vendre celui de Nice. Brigitte trouve que Nice est une belle ville, mais ce n'est pas comme la Ville lumière.

— En plus, ajoute Emmanuel, tu pourras venir nous voir plus souvent. Entre Paris et Montréal, il y a beaucoup de vols toute l'année, alors que pour Nice c'est surtout l'été.

Momo s'en fiche. Il n'est même pas sûr d'avoir envie de retourner en France pour rendre visite à son père. Oui, il aimerait bien aller à Paris – une ville qu'il a vue dans des films et dont on parle dans les livres. Mais aller retrouver son père avec sa Brigitte ? Il en est moins sûr. En tout cas, il pourrait s'en passer...

— Emmanuel ! Quelle surprise !

C'est Lucie, qui sort de la maison et arrive sur la galerie.

Mais ce n'est pas la même Lucie qui est partie au travail ce matin avec sa veste de vendeuse de la Coop. Elle n'avait pas de rouge à lèvres, alors qu'elle en porte maintenant, en plus d'avoir du fard bleu sur les paupières. Et du noir qui lui allonge les cils. Lucie est encore plus belle que les soirs où elle sort avec Raymond Laliberté, le père de Jessica.

Elle, qui d'habitude se maquille discrètement ou pas du tout, a transformé son visage. Momo ne comprend pas comment elle s'y est prise, mais elle semble plus jeune, plus jolie, plus mince, plus tout ce qu'on voudra. On dirait une actrice de cinéma. Elle a aussi mis des souliers à talon haut, alors qu'elle n'en porte jamais. Et on dirait que ses jambes sont plus longues, plus fines, d'autant plus que sa robe est plus courte que celles qu'elle a d'ordinaire. C'est une charmante robe d'été, à motif fleuri, qui lui descend à mi-cuisse.

Momo a toujours su que Lucie était belle. Il soupçonne d'ailleurs que tous les garçons trouvent leur mère jolie, même quand elle ne l'est pas tellement. Il constatait toutefois, quand il avait l'occasion de comparer sa mère avec celles de ses camarades, qu'elle était mieux que la moyenne. Peut-être même la plus belle de toutes.

En ce moment, il fait une constatation dont il ne sait s'il devrait s'en réjouir ou s'en attrister : sa mère est séduisante. Pire encore : Lucie est *sexy* ! Autant que les actrices de cinéma qu'on voit à la télévision, comme Penélope Cruz ou Marie-Josée Croze.

Plus il la regarde, plus elle lui fait penser à Brigitte. Mais à Brigitte en mieux ! Est-il possible que son père n'ait pas la même impression ?

— Oh, comme il est mignon, le petit ! s'exclame encore Lucie en arrachant le bébé des bras de son père.

Les grands au restaurant, les petits sur la galerie

Fanfan, au lieu de pleurnicher comme lorsqu'il était dans les bras de son frère, affiche un sourire radieux. On jurerait qu'il veut séduire la mère de Momo. Celui-ci a un petit moment de jalousie, avant de songer que cela pourrait favoriser son plan. Supposons qu'Emmanuel ne veuille pas laisser son fils à Brigitte, ça se passerait mieux si Lucie et Fanfan s'entendaient bien.

— J'étais à la Coop, explique Lucie, quand monsieur Pacossi m'a téléphoné pour me dire qu'une voiture venait d'arriver chez nous, avec un homme et un bébé. Il était trop loin pour te reconnaître, mais j'ai tout de suite pensé que c'était toi. Tu m'avais dit que tu passerais voir Maurice cet été, mais que tu n'étais sûr de rien. C'est pour ça que je ne lui en ai pas parlé. J'ai demandé à monsieur Thibodeau de s'occuper du magasin tout seul et je suis accourue.

Momo a un petit sourire narquois en songeant que si sa mère est accourue, elle a quand même fait un détour par sa chambre et la salle de bains pour se changer et se maquiller.

— Mais Brigitte n'est pas là ? demande Lucie sur un ton qui suggère à Momo qu'elle n'en est pas fâchée.

— Non, elle est restée à Nice, explique Emmanuel. Un petit congé de bébé, ça va lui faire du bien. Peut-être aussi un congé de mari par-dessus le marché !

Emmanuel rigole, Lucie aussi. Mais celui qui est le plus joyeux de tous, c'est notre Momo, qui conclut que Brigitte pourrait avoir envie de se débarrasser de son mari pour de bon. Et voilà un autre obstacle de franchi ! Si tout le monde est d'accord, tout va très bien se passer.

Lucie s'assoit à côté d'Emmanuel, le bébé dans les bras.

— Mais voyons, Maurice, tu n'as rien offert à nos invités ? On a une bouteille de rosé au frigo.

Emmanuel montre son verre d'eau encore à moitié plein, avant d'ajouter :

— Tu sais bien que je ne bois plus. Ça va faire quatre ans l'automne prochain.

La conversation s'engage comme entre de vieux amis, alors que Momo a de vagues souvenirs de discussions houleuses, de reproches échangés de part et d'autre.

Tout serait parfait si Fanfan, qui a maintenant le menton sur l'épaule de Lucie, ne se tournait pas vers Momo pour lui lancer un autre tonitruant et postillonnant « pfffrouttt ».

— Tu sais que La Cuiller à pot est à vendre ? demande Lucie à Emmanuel.

— La Cuiller à pot ?

— Oui, le restaurant français de Bougainville. On y est déjà allés, dans le temps. Monsieur Dommanget veut prendre sa retraite.

Momo est allé une fois à La Cuiller à pot. Un restaurant chic – bien plus que Gaston La Patate, le casse-croûte et seul restaurant de Saint-Romain-des-Champs, où Momo ne va jamais parce que Lucie abhorre la restauration rapide. Monsieur Pacossi les a amenés à La Cuiller à pot pour fêter le dernier anniversaire de Lucie. Il n'y avait ni poutine ni frites, mais Momo a trouvé ça bon quand même.

— Ah oui ? fait Emmanuel.

Momo aimerait bien que son père s'installe dans la ville d'en face. Même si Brigitte était avec lui, ils se verraient plus souvent. Emmanuel demande :

— Sais-tu combien il veut ?

— Non, mais ça ne doit pas être très cher, répond Lucie. Le restaurant marche bien, mais monsieur Dommanget n'ouvre plus qu'en fin de semaine. Je pense qu'il serait content de s'en débarrasser, surtout s'il peut vendre à un chef qui lui inspire confiance.

« Tout va bien ! » songe Momo. Son père n'aurait pas demandé le prix s'il n'était pas du tout intéressé. En plus, ce n'est pas cher ! Il est de plus en plus probable qu'Emmanuel revienne s'installer dans les environs. Comment alors pourrait-il ne pas se laisser séduire par sa Lucie plus belle que jamais ? En plus, elle n'a pas dit un mot de son amoureux, le père de Jessica. Si elle n'en a pas parlé, c'est sûrement parce qu'elle est prête, de son côté, à retomber sous le charme de son ex-mari.

Momo est absolument enchanté par la perspective de ce rapprochement, jusqu'au moment où Emmanuel ajoute :

— J'en parlais avec Brigitte, justement. J'ai l'œil sur un restaurant à Paris, mais elle trouve que la campagne, c'est bien mieux pour élever un enfant. Même au Québec, qu'elle a dit.

Le moral de Momo redescend d'un cran, mais remonte aussitôt : il va quand même voir son père plus souvent. Il ne demanderait pas mieux que de voir ses parents réunis. Mais ce n'est plus possible, maintenant, parce que tout a changé entre Brigitte et Emmanuel : il y a Fanfan, un bébé tout petit, sans défense.

Momo ne peut pas laisser sa mère briser ce couple. Ce ne sera pas facile, car Lucie ajoute :

— L'été, ils sont ouverts tout l'après-midi. Tu aurais envie d'aller y faire un tour ? Je n'ai pas eu le temps de manger.

Pourtant, elle est partie, ce matin comme tous les matins, avec sa boîte contenant un sandwich au thon, des carottes, du céleri et un jus de légumes.

— Bonne idée, accepte Emmanuel. Mais avec le petit, dans un restaurant, ce n'est pas commode.

— Maurice peut le garder. Il le fait souvent chez les voisins.

C'est vrai. Il arrive parfois que Momo aille garder les enfants de Francine Tremblay, la voisine, quand elle doit s'absenter pour quelques heures. Guillaume et Sandrine ont trois et cinq ans. Est-ce plus difficile de garder un bébé d'un an et demi que des enfants de cet âge ? Momo n'en a aucune idée. Tout comme il ne sait plus trop s'il veut que ses parents se remettent à habiter ensemble. Si oui, vaudrait-il mieux que Fanfan retourne vivre avec sa mère ou qu'il reste ici avec son père ? Ce sont des questions bien compliquées pour un garçon de l'âge de Momo, qui n'a jamais été marié, divorcé, ni père de nombreuses familles.

— D'accord, Maurice ? demande Lucie.

Au moins, ça, c'est une question simple. Et Momo répond « oui ».

Mais deux secondes plus tard, il n'est plus sûr qu'il aurait dû, parce qu'il n'est plus sûr de rien.

Attention : éléocroco-moufforichenard méchant !

Lucie va chercher dans la remise l'ancienne chaise haute de Momo. Emmanuel sort de la voiture une poussette pliante et deux sacs de toile. Il explique à Momo :

— Dans le sac bleu, il y a des vêtements et des biberons. Dans le jaune, il y a un paquet de couches. Tu sais changer une couche ?

Momo ne répond pas. Il n'a jamais changé une couche. Mais avec un peu de chance, ce ne sera pas nécessaire.

— Très bien, dit Emmanuel comme s'il avait répondu oui. Allons-y.

Il traverse la maison avec Lucie. Momo les suit en portant Fanfan, qui a accepté de se laisser prendre sans faire de « pfffrouttt » tonitruant. Il doit admettre que ses parents vont très bien ensemble. L'expression « ils font un beau couple » leur va comme un gant. Les voilà sur la galerie de devant, puis dans la voiture après qu'Emmanuel a, galamment, ouvert la portière du passager pour faire monter Lucie.

La voiture recule. Lucie et Emmanuel ont, à l'intention des deux enfants, un petit geste d'au revoir. C'est alors que Fanfan prend conscience d'une catastrophe abominable : son père l'abandonne là, avec ce garçon qu'il connaît à peine et dont il ne sait sans doute même pas que c'est son demi-frère. Il se met à pleurer – non, à hurler – lorsque la voiture s'éloigne sur la route.

Mais il est trop tard : les passagers ne peuvent pas l'entendre.

— Papa ! crie-t-il. Papa ! PAA-PAA !

— Il va revenir, ton papa, bredouille Momo, qui oublie pendant une seconde que c'est son père à lui aussi.

Cela n'apaise en rien les pleurs du bébé. Ça les fait plutôt augmenter. Fanfan s'agite dans les bras de Momo et lui donne des coups de poing sur le crâne. Momo le dépose par terre. Le petit tend alors les bras. Momo le reprend et essuie une nouvelle volée de coups sur la tête.

« L'après-midi va être long », constate-t-il avec philosophie. Et il ne peut s'empêcher de penser que Fanfan a sans doute la même impression.

Momo a retrouvé, au fond du placard de l'entrée, une boîte contenant des jouets de quand il était petit. C'est Lucie qui les a mis là. Pourquoi ? Au cas où elle aurait un autre enfant, un jour ? Ou pour quand Momo sera grand et aura des enfants à son tour ? Ce n'est pas pour bientôt. Maintenant qu'il a fait la connaissance de Fanfan, Momo commence à douter d'avoir envie d'être père, un jour. Les enfants, c'est bien, mais seulement quand ils sont plus grands – quand ils ont, par exemple, l'âge de Momo, l'âge de ne pas pleurer pour rien et de ne pas avoir à être gardés si leurs parents doivent sortir pour quelques heures.

Momo vide la boîte de jouets sur le tapis au milieu du salon.

— Amuse-toi, dit-il simplement à Fanfan.

Le petit regarde l'amoncellement d'objets en plastique et en métal, cesse de pleurer, s'en approche en se traînant à quatre pattes.

« Qu'est-ce qui va retenir son attention ? » se demande Momo.

Les Animix, on dirait bien, puisque Fanfan s'empare d'un crocodile et d'un rhinocéros. Pas étonnant : c'étaient les jouets préférés de Momo.

Il y a là une douzaine d'animaux en plastique souple : lion, léopard, cheval, vache, cochon, orignal, éléphant, renard, hippopotame, mouffette, sans oublier le crocodile et le rhinocéros déjà mentionnés. Ils sont tous de la même taille : la mouffette est aussi grande que le rhino. Comme ça, la tête et les membres (la queue aussi) peuvent être enlevés et placés sur le corps d'un autre animal.

Fanfan semble avoir découvert cette particularité, puisqu'il entreprend aussitôt de démembrer et de décapiter tous les animaux, en plus de leur arracher la queue. Quelques minutes plus tard, il a devant lui une petite montagne de parties d'animaux de toutes les couleurs. Il contemple avec satisfaction le fruit de son travail de destruction.

— Maintenant, explique Momo, il faut reconstituer un nouvel animal à ton goût.

Il est fier d'avoir, pour la première fois de sa vie, glissé dans la conversation le mot « reconstituer ». Mais il se doute un peu que Fanfan ne l'a pas compris.

— Regarde.

Momo s'empare du corps du léopard et lui fixe une tête d'éléphant.

— C'est amusant, non ?

Fanfan n'a pas l'air très amusé. Momo ajoute une queue de renard, une patte avant gauche de mouffette et une droite d'orignal. Le petit ne rigole pas, mais regarde le tout avec attention. Momo pose encore une patte arrière de crocodile et une de cheval. Voilà. Cela fait un animal bizarre et parfaitement incongru, que Fanfan examine en fronçant les sourcils.

Peut-être le voit-il mal de si loin ? Momo lève son Animix à la hauteur du visage du petit et l'approche de son nez. Fanfan ouvre la bouche toute grande et écarquille les yeux. Momo est enchanté de sa création zoologique. Il ne lui manque qu'un cri. Lequel conviendrait à cette créature ? Momo en essaye un, pour voir ou plutôt pour entendre :

— Croacoucou ! Croacoucou !

— Ouiiiin !

Ce n'est pas, de la part de Fanfan, une nouvelle suggestion de cri d'Animix. Cela ressemble plutôt à des pleurs.

— Ououiiiin ! répète-t-il, au cas où Momo n'aurait pas bien compris.

Et encore :

— Ouin, ouin, ouin !

C'est incontestable : Fanfan pleure à fendre l'âme, comme on dit, même si la manière dont on peut fendre une âme n'a rien d'évident. Avec un couteau ou avec une hache ? Et on fait comment pour la voir, l'âme, avant de la couper en deux ?

Ces considérations ne changent rien au fait que le bébé pleure. Pourquoi ? Peut-être parce qu'il a peur de l'éléocrocomoufforichenard créé par son demi-frère. Momo examine bien la bête. Oui, c'est une bestiole affreuse qu'il a créée là, digne de Frank Einstein, sans doute un parent du type qui a découvert la relativité. Il se hâte de cacher l'animal derrière son dos. Mais Fanfan continue à pleurer, comme s'il avait l'intention de fendre toutes les âmes à portée de sa voix à Saint-Romain-des-Champs et jusqu'à Bougainville, de l'autre côté de la rivière.

Sautez
ces pages
si vous n'aimez
pas les gros
mots

Que faire ? Momo jette un coup d'œil à la pile de pièces d'Animix. Pourrait-il créer un animal plus rassurant ? Avec la tête de l'orignal sur le corps du crocodile, par exemple ? Probablement pas.

Et si Fanfan continue de pleurer encore cinq minutes, ce n'est pas des âmes qu'il va fendre, mais les tympans de Momo, qui a envie d'aller chercher dans l'armoire à pharmacie les boules de mousse jaune que Lucie se met dans les oreilles quand les voisins fêtent bruyamment la Saint-Jean-Baptiste jusqu'à quatre heures du matin.

Il y a peut-être une solution plus simple : consoler le petit.

Momo laisse tomber les Animix et, toujours à genoux, s'approche de Fanfan. Il ouvre les bras et le serre contre lui. Pas trop fort, pour ne pas lui faire mal. Juste assez pour que le petit se sente réconforté, semble-t-il à Momo. En tout cas, quand il avait son âge, il cessait sûrement de pleurer quand sa mère l'enlaçait tendrement.

Mais voilà, Momo n'est pas la mère de Fanfan, seulement son demi-frère. Et Brigitte est de l'autre côté de l'océan. Momo caresse le dos de Fanfan de haut en bas en faisant « Là, là, là, tout va bien. » Toujours sans résultat.

— Merde !

C'est le seul gros mot que prononce Lucie, deux ou trois fois par année. La dernière, c'est lorsqu'elle a laissé tomber sur le parquet de la cuisine le plat de macaroni au gratin qu'elle venait de sortir du four. De plus, Momo sait qu'on a aussi le droit d'utiliser ce mot pour souhaiter bonne chance aux acteurs avant qu'ils entrent en scène.

Momo, qui ne dit jamais de juron, se sent pour une fois parfaitement justifié de le faire. Sauf que son gros mot n'est pas du tout approprié en ce moment. Pas seulement parce qu'il ne s'apprête pas à monter sur scène, mais surtout parce qu'il aurait plutôt dû s'écrier « Urine ! »

Il n'a jamais entendu Lucie ni personne d'autre utiliser ce juron-là, mais en tapotant le bas du dos de son demi-frère, il s'est aperçu que sa couche était mouillée. Et pas seulement la couche, puisqu'une flaque se répand sur le plancher en direction du tapis.

— Attends-moi, ordonne Momo.

Il revient bientôt avec un linge et essuie les dégâts. Le pire, c'est que Fanfan a retrouvé sa bonne humeur et rigole en le regardant faire. Momo se retient de montrer qu'il n'est pas content, parce qu'à bien y penser, un bébé qui rit est plus agréable à entendre qu'un bébé qui pleure.

Pour changer
une couche,
il faut fermer
la bouche

Une fois le plancher essuyé, il reste à Momo une tâche qui lui semble herculéenne parce qu'il ne l'a jamais accomplie. Hercule lui-même n'a jamais dû faire ça, lui non plus : changer la couche d'un bébé.

Où ? Pas sur la table, Fanfan risque de tomber par terre.

Pourquoi pas sur le plancher ? Là, il ne risque rien.

Fanfan se laisse docilement étendre sur le dos. On voit qu'il a l'habitude. Et la couche est facile à enlever, parce qu'elle est retenue par du velcro.

— Ne bouge pas, ordonne encore Momo.

Il va à la cuisine et jette la couche souillée dans le sac poubelle sous l'évier. Il revient dans le salon en chercher une propre. Il y en a un paquet tout neuf dans le sac jaune.

Il ouvre l'emballage et revient vers Fanfan avec une couche. Il n'est plus là ! Où est-il passé ? Momo regarde autour de lui. Pas de Fanfan ! Mais la porte de la salle de bains est fermée. Momo est terrorisé un instant à l'idée que Fanfan ait pu s'y enfermer. Est-il assez grand pour atteindre le loquet ? Ce serait bien possible.

Momo se précipite vers la porte. Attention : il ne faut pas la pousser trop brusquement. Le petit est derrière et pourrait être blessé quand elle va s'ouvrir. Momo tourne la poignée, appuie tout doucement. La porte n'est pas verrouillée. Il l'ouvre toute grande. Fanfan est là, fesses nues, souriant et fier de lui parce qu'il a réussi, en même pas deux minutes, à dérouler entièrement un plein rouleau de papier de toilette.

Il y en a partout dans la salle de bains : sur le plancher, sous la baignoire à pattes, dans l'évier, sur la table où Lucie garde ses produits de beauté. Momo ouvre la lingerie : il y en a là aussi !

Étonnamment, le seul endroit où il n'y en a pas, c'est la cuvette des toilettes.

Momo s'occupera du papier plus tard. Il faut qu'il se dépêche à mettre la couche au petit avant qu'il fasse pipi – ou pire encore – sur le plancher ou le tapis.

— Viens par ici.

Fanfan suit Momo dans le salon et s'allonge sur le tapis. Momo examine l'objet. La partie la plus large va sûrement à l'arrière et la plus étroite, devant. La confiance de Momo remonte. Changer une couche, c'est un jeu d'enfant. Momo glisse sous Fanfan la partie la plus large de la couche. Le petit coopère en soulevant ses fesses pour lui faciliter la tâche. « Je suis le génie du changement de couche », songe Momo, qui commence à perdre ses complexes de gardien de bébé improvisé.

Il ne reste plus qu'à relever la partie inférieure de la couche et à refermer le velcro sur les deux côtés.

Mais Momo a tout à coup une impression étrange. C'est comme si du liquide chaud coulait sur son visage. Y aurait-il une fuite dans les tuyaux d'eau chaude ?

— Merde ! s'écrie Momo pour la deuxième fois de sa vie et aussi de ce jour-là.

Il se hâte de fermer la bouche et de remonter la couche, qu'il fixe fermement avec les bandes de velcro.

— Ne bouge pas.

Il se précipite à la salle de bains, se rince la bouche avec de l'eau qu'il recrache aussitôt. Il se nettoie le visage avec une débarbouillette mouillée et se brosse rapidement les dents avec du dentifrice.

Il aurait envie d'appeler à l'aide. Mais qui ? Jessica est à Montréal avec son père. Et si Momo se trouve maintenant un peu jeune pour s'occuper d'un bébé, monsieur Pacossi, lui, est évidemment beaucoup trop vieux pour ça.

Momo se résigne donc à subir seul son supplice.

Il y a toujours
de nouveaux
proverbes
à inventer

Fanfan est habillé de vêtements propres et a retrouvé sa bonne humeur. Il est debout et regarde Momo replacer ses Animix dans leur boîte.

Et juste comme Momo se demande ce qu'ils vont faire maintenant, le petit lui prend la main. Pas toute la main : un doigt seulement, qu'il serre dans sa petite menotte. Momo se sent tout à coup comme un vrai grand frère.

On dirait que le petit veut l'amener quelque part. Momo se laisse entraîner dans la cuisine.

— As-tu faim ?

Fanfan secoue la tête de haut en bas. Il a faim. Mais qu'est-ce qu'il pourrait manger ? Des céréales, peut-être ?

Momo ouvre l'armoire dans laquelle Lucie garde les boîtes de céréales. Fanfan s'avance et pointe du doigt la boîte de Mini-Blés givrés. C'est le déjeuner préféré de Momo, qui se sent de plus en plus fier de ce petit frère qui lui ressemble de plus en plus.

Il l'installe dans la chaise haute, remplit un bol de Mini-Blés, ajoute du lait et lui présente le tout avec une cuiller. Mais Fanfan secoue la tête.

— C'est toi qui les a demandées, proteste Momo.

Le petit accepte enfin de prendre la cuiller que Momo essaie de lui mettre dans la main, mais il la tend aussitôt vers son grand frère. Il veut se faire nourrir à la petite cuiller. Comme un bébé, ce qui est parfaitement justifiable quand on est un bébé.

— Comme tu voudras.

Momo prend un seul Mini-Blé avec un peu de lait et l'approche de la bouche grande ouverte de Fanfan.

Tout se passe merveilleusement bien, maintenant. La moitié du bol de céréales est prestement avalée. Ce serait parfait si Fanfan ne recrachait pas la dernière cuillerée dans le visage de son frère nourricier en lançant un « pfffrouttt » postillonnant.

— Tu aurais pu le dire, que tu n'en voulais plus ! le réprimande Momo, qui a tendance à oublier que le petit ne sait dire que quelques mots, comme « pfffrouttt » et « papa ».

Momo laisse Fanfan dans sa chaise haute le temps de ramasser le papier de toilette qui encombre la salle de bains. Il essaye de le rouler de nouveau. Mais c'est une tâche plus qu'herculéenne (Momo est sûr que, parmi ses douze travaux, Hercule n'a jamais eu à accomplir une corvée aussi difficile, sinon il aurait abandonné bien avant la fin). Qu'en faire ? On n'est pas censé mettre du papier de toilette dans le bac de récupération. Mais il n'est pas du tout souillé, alors va pour le recyclage !

Deux nouvelles débarbouillettes sont appelées à la rescousse pour nettoyer le bébé et Momo. Elles vont ensuite rejoindre le linge sale qui s'accumule dans la salle de bains.

Momo, qui aime inventer des proverbes, en crée un nouveau, inspiré de « On ne fait pas une omelette sans casser des œufs » : « On ne garde pas un bébé sans salir des débarbouillettes. »

Quand les vasses sont trop loin, on va voir les sèves

Les voici tous les deux à peu près propres. Momo regarde l'heure à l'horloge de la cuisine : un peu passé quinze heures. Ça ne fait même pas deux heures qu'il est avec Fanfan. Emmanuel a promis qu'ils seraient de retour pour dix-huit heures au plus tard. Mais ça laisse encore presque trois heures ! Que vont-ils faire pendant tout ce temps ?

Heureusement, le petit semble avoir une idée. Il prend la main de Momo, ou plutôt son doigt, et l'entraîne dehors sur la galerie. Il s'approche de sa poussette et Momo comprend qu'il veut faire un tour.

Pas question de sortir au soleil sans chapeau. Pas question non plus de laisser Fanfan dehors tout seul.

Momo a toute la misère du monde à tirer son demi-frère à l'intérieur. Il a beau lui expliquer qu'ils vont seulement chercher un chapeau dans son sac à vêtements, Fanfan se débat. Mais dès qu'il a son chapeau sur la tête, le petit comprend qu'ils vont bel et bien se promener, et il retrouve le sourire.

« C'est mon demi-frère, songe Momo, c'est normal qu'il soit intelligent. »

De retour sur la galerie, Momo déplie la poussette aussi facilement que s'il avait fait ça toute sa vie et y assoit le petit. Il attache bien sa ceinture et se rend compte qu'il aurait dû descendre la poussette de la galerie avant d'y installer le bébé. Fanfan va pleurer. Tant pis.

Momo descend la poussette et son passager le plus doucement possible. Boum-boum-boum fait la poussette en descendant les marches et Fanfan répète au même rythme « boum-boum-boum » en riant aux éclats.

La poussette avance difficilement dans le gravier devant la maison et Momo doit pousser de toutes ses forces, en espérant que Fanfan est fier d'avoir un grand frère aussi musclé.

Sur la route, comme il n'y a pas de trottoir, Momo prend bien soin de marcher à gauche, face à la circulation. De toute façon, il ne passe presque pas de voitures entre Sinro et le village suivant, Sainte-Clotilde-de-la-Rivière, communément appelé Sint'clo. La première voiture qui les croise fait même un grand écart pour les éviter en roulant dans l'autre voie.

— Vasses ! crie soudain Fanfan.

Momo regarde dans la direction où il pointe du doigt. Oui, ce sont les vaches de monsieur Marchessault. Deux ou trois d'entre elles les examinent un instant avec indifférence avant de se remettre à brouter.

À part « pfffrouttt » et « papa », c'est le premier mot que dit Fanfan. En tant que grand frère, Momo estime de son devoir de le corriger :

— Oui, des vaches. Va-ches.

— Vasses, répète le petit avec obstination.

Mais les vaches sont à l'autre bout du pâturage. Pas question de pousser la poussette à travers champ.

— Viens, on va aller voir les chèvres, décide Momo.

— Sèves ? répète Fanfan.

Si les animaux – les vrais, pas les Animix – l'intéressent, pourquoi ne pas rendre visite aux chèvres de monsieur Guessain ? Il en a deux, un mâle et une femelle. Ça s'appelle plutôt un bouc et une chèvre. Mais Momo juge inutile de le préciser à l'intention de Fanfan. Lui apprendre à dire « chèvre » correctement suffira à justifier son rôle de grand frère.

Un bouc
qui a faim,
ce n'est pas
toujours fin

Ils s'arrêtent devant l'enclos des chèvres. Le bouc et la chèvre s'approchent, parce qu'ils reconnaissent Momo, qui vient souvent leur donner de l'herbe arrachée de l'autre côté de la clôture. L'herbe est toujours plus belle de l'autre côté de la clôture. Même les chèvres savent ça.

— Chèvres, annonce Momo.

— Sèves, le corrige Fanfan.

— Sèves, si tu y tiens, admet gentiment Momo.

Et il arrache une grande touffe d'herbe.

— Regarde, dit-il en tendant la main à travers la grille.

Les chèvres se précipitent sur l'herbe bien verte et ont tôt fait de l'avaler.

Fanfan tend à son tour la main en direction des chèvres. Momo a compris. Il arrache une autre grande touffe d'herbe et la met dans les doigts du petit. Puis il avance la poussette jusqu'à la grille. À son tour, le bébé passe la main à travers le grillage. Le bouc accourt et avale l'herbe d'une seule bouchée pour éviter d'en laisser la moindre brindille à sa compagne. Il décide aussi de garder pour lui tout seul cette tendre menotte si appétissante.

Horreur ! Voilà la main de Fanfan engloutie dans la bouche du bouc, qui semble vouloir non seulement la main, mais le bras tout entier. Peut-être même tout son corps, s'il parvient à l'avaler ! Momo a beau savoir que les chèvres – et sûrement les boucs aussi – sont herbivores, pas carnivores, il ne veut pas en prendre le risque. D'autant plus que le petit, après un moment de surprise en voyant sa main disparaître dans la bouche de l'animal, se met à hurler de peur ou de douleur. Probablement des deux.

Momo passe le bras au-dessus de la clôture et tape de toutes ses forces sur le museau du bouc, qui lâche prise. Fanfan reprend aussitôt le contrôle de sa main, mais cela ne l'empêche pas de lancer des « ouin-ouin-ouin » à côté desquels ceux de tout à l'heure auraient l'air de soupirs d'angelot.

Demander l'aide des voisins ? La voiture de Francine Tremblay n'est pas devant sa maison. Elle est sortie avec ses enfants, sinon elle aurait demandé à Momo de les garder. Monsieur Guessain n'est pas là, lui non plus. Il travaille à Montréal et ne rentre qu'en fin d'après-midi. Monsieur Pacossi, lui, est trop loin. Le petit aura le temps de mourir deux fois s'il est blessé mortellement.

Mieux vaut commencer par évaluer les dégâts. De toute façon, Fanfan a cessé de pleurer.

— Montre-moi ta main.

Le bébé tend la main à Momo. Ça ne doit pas être la bonne, parce qu'il n'y a rien : pas de sang, pas de bleu, pas d'ongle arraché ni d'os broyé. Momo regarde l'autre main. Rien là non plus. Ouf !

— On rentre à la maison, décrète notre médecin amateur après avoir constaté que son demi-frère survivra à l'agression du bouc.

— Vasses ! crie pourtant ledit demi-frère.

Il a toujours la main droite tendue et, de la gauche, il désigne les chèvres.

— Vasses ! répète-t-il avec conviction.

Momo comprend enfin que le petit ne fait pas de différence entre les vaches et les chèvres. Pour lui, une grosse bête avec des cornes, c'est une « vasse ». Mais qu'est-ce qu'il leur veut, aux vaches ?

Ce n'est pas possible ! Il veut encore leur donner à manger !

— Non, dit fermement Momo en faisant faire demi-tour à la poussette.

Il ne changera pas d'avis, malgré les mille et un « vasses » que lui fera endurer Fanfan tout le long de la route. Momo est un garçon responsable. On lui a confié son demi-frère entier et celui-ci sera encore entier lorsque son père viendra le reprendre.

À la campagne, tout peut sentir la campagne

En arrivant devant la maison, Momo prend conscience d'un phénomène inattendu : le silence. Depuis quelques instants, les cris de « vasses » ne retentissent plus le long de la route.

Momo s'arrête, regarde dans la poussette. Miracle ! Le petit dort. À poings fermés. Oui : Momo examine ses deux poings et ils sont vraiment fermés.

Ça doit être le plus grand plaisir de la vie des parents, quand un bébé cesse de crier après avoir beaucoup crié.

Ce serait génial, si Fanfan pouvait dormir jusqu'au retour de son père.

Il ne faut surtout pas le bouger. Par contre, un tracteur bruyant pourrait passer sur la route et le réveiller ?

De toute façon, il est impensable de le laisser là, dans sa poussette, parce que le ciel se couvre de nuages. Il faut le rentrer dans la maison. Comment ? Si Momo le prend dans ses bras, le bébé risque de se réveiller et de faire une crise pour retourner voir les vasses.

Momo examine la poussette. En mettant une main à l'avant et l'autre à l'arrière, il devrait être possible de la soulever. Il songe un instant à appeler à l'aide son copain Simon. Mais il n'est probablement pas chez lui, puisqu'il est à la recherche d'une chaloupe. Et s'il l'a trouvée, il a téléphoné pendant que Momo était aux chèvres et il est parti pêcher avec un autre copain...

Momo se penche sur la poussette et la soulève juste un peu, pour voir. Ce n'est pas si lourd, une petite poussette avec un bébé.

Il prend une grande inspiration, comme il a vu les haltérophiles le faire aux Jeux olympiques à la télévision, lève la poussette à bout de bras et la dépose sur la galerie. « Je suis fort ! » se félicite Momo en s'essuyant le front avec l'avant-bras.

Il ouvre la porte et fait rouler la poussette à l'intérieur de la maison. Il l'installe au salon. Il va laisser le petit dormir jusqu'à l'arrivée d'Emmanuel et de Lucie. Momo lui enlève son chapeau. On dirait un ange. Mais il est vraiment assis tout de travers. Il ne pourra pas dormir longtemps comme ça, le cou quasiment cassé. Et puis, une poussette n'est pas un lit, ce n'est pas fait pour dormir. À moins d'aller installer Fanfan dans son lit à lui, en haut ? Non : il se réveillerait en se faisant secouer dans l'escalier. Le mieux serait de le coucher sur le canapé du boudoir, la petite pièce à côté de la salle à manger, où il y a la télévision.

Momo va jeter un coup d'œil pour vérifier que ça conviendrait. Oui. Le canapé est même juste de la bonne hauteur pour que Momo entende Fanfan tomber si jamais il tombe.

Il ne reste plus qu'à faire rouler la poussette jusqu'au boudoir, puis à déposer Fanfan sur les coussins. C'est le plus délicat : s'il se réveille, ce qui reste de l'après-midi de Momo sera irrémédiablement gâché.

Momo se penche sur son demi-frère, le soulève tout doucement et l'étend délicatement sur le canapé. Nouveau miracle : le petit ne s'est pas réveillé. Momo le couvre de la courtepointe avec laquelle Lucie se réchauffe les jambes pour regarder la télévision quand il fait frais.

Il sort de la pièce sur la pointe des pieds, n'ose pas fermer la porte parce qu'elle grince parfois sur ses gonds.

Il va s'asseoir dans un des fauteuils du salon. Enfin ! La sainte paix ! Momo est convaincu que si des gens font encore des bébés, c'est pour l'incomparable plaisir d'avoir un moment de tranquillité de temps en temps quand le bébé s'endort.

Mais après quelques minutes de cette paix bien méritée, Momo s'ennuie. Pas question de sortir, le bébé risque de se réveiller. Pas question de regarder la télé, elle est dans la même pièce que le bébé. Pas question de se réfugier dans sa chambre, Fanfan pourrait monter les marches pour aller le retrouver et débouler l'escalier avant d'être arrivé en haut ou, pire encore, en arrivant en haut.

La solution : lire. Tant pis si sa lecture est interrompue après quelques pages seulement. Il n'aura qu'à choisir un autre livre s'il n'est pas capable de replonger dans celui-là.

Momo prend un livre au hasard, lit la première ligne de la première page. Mais il suspend sa lecture.

Les Marchessault, qui ont la ferme d'en face et élèvent des vaches, viennent d'épandre le fumier. Ils font ça une fois par semaine, l'été. Lucie dit alors : « Ça sent la campagne ! » Et elle ferme toutes les fenêtres dans l'espoir d'empêcher l'odeur de s'infiltrer partout dans la maison. Quand elle est au travail, Momo est chargé de le faire à sa place.

Juste avant de se lever pour aller fermer les fenêtres, Momo se rappelle qu'il ne peut pas fermer celle du boudoir, ça risque de faire du bruit et de réveiller Fanfan. D'après Lucie, une seule fenêtre d'ouverte, c'est comme si toutes les fenêtres l'étaient.

Momo se contente donc de se boucher les narines. Ce qui, comme chacun sait, n'est pas un moyen très efficace de se protéger des odeurs de fumier, parce qu'il faut bien respirer de temps en temps.

Une poussette qui se pousse toute seule

Tiens ! Un peu de bruit semble venir du boudoir. Momo regarde par-dessus son épaule : rien à signaler. Le petit a dû bouger ou gémir pendant son sommeil. S'il va vérifier, Momo risque de le réveiller pour de bon.

Momo relit donc pour la dixième fois la première ligne de son roman. Mais cette fois il y a un bruit, un vrai, tout près de lui. Il se retourne, pour assister à un spectacle phénoménal : la poussette s'avance toute seule vers lui !

La télépathie serait-elle possible entre un être humain et un objet à roulettes ? Fanfan aurait-il ordonné à la poussette d'aller vers son demi-frère pour lui faire comprendre qu'il veut repartir en promenade dans le but d'être de nouveau dévoré par le bouc ? C'est impossible. Pourtant, elle roule toute seule !

Non, pas tout à fait, puisque Momo aperçoit soudain deux petites mains agrippées au bas des poignées. C'est ce sacripant de Fanfan ! Il s'est réveillé et a décidé que Momo lui devait encore un tour de poussette, puisqu'il lance son incantation préférée :

— Vasses ! Vasses ! Vasses !

Momo éclate de rire. Un rire nerveux, après sa frousse de la poussette qui roulait toute seule. Et il décide que son frère, quel que soit son âge, a l'âge de se faire parler comme à un grand garçon.

— Écoute, Fanfan. Pas question qu'on retourne voir les vaches ou les chèvres ou n'importe quoi. C'est trop dangereux. Tu veux perdre une main ? Et qui va se faire chicaner s'il te manque une main ? Pas toi : moi ! En plus, as-tu senti l'odeur qui vient de dehors ? C'est du fumier. Et du fumier, ça pue. Ça peut imprégner tes vêtements et même tes cheveux et tu vas sentir le fumier pendant des années, sinon toute ta vie.

Momo a exagéré. Il l'a fait exprès. De toute façon, son petit frère ne comprend rien à ce qu'il vient de raconter. La preuve, c'est qu'il répète encore :

— Vasses ?

Cette fois, ça a l'air d'une question timide plus que d'un ordre catégorique. Fanfan commence à se rendre compte que son frère est de mauvaise humeur. Momo en profite :

— Pour commencer, maintenant que tu es debout, je vais fermer toutes les fenêtres. Ce n'est pas toi qu'on va punir si ça sent le fumier dans toute la maison. Alors, laisse-moi faire ce que j'ai à faire.

Momo va d'abord au boudoir. Il s'apprête à fermer les deux battants de la fenêtre, mais il s'aperçoit qu'il ne vient aucune odeur de l'extérieur, de ce côté de la maison qui fait pourtant face à l'étable des Marchessault. On dirait que ça sent plus le fumier dans le boudoir que dans les champs de l'autre côté de la route.

Il revient vite au salon. Et pas seulement parce qu'il ne veut pas laisser son petit frère tout seul pendant plus de quelques secondes. C'est surtout parce qu'il est saisi d'un soupçon, tout à coup.

Il se penche sur Fanfan, renifle, se penche un peu plus, renifle encore, profondément. Pas de doute possible. Fanfan fait une dernière tentative :

— Vasses ? murmure-t-il gentiment.

Mais Momo n'a plus du tout envie d'être gentil. Il dit brusquement :

— Non, c'est pas les vasses qui puent comme ça. C'est toi.

Et il est une fois de plus incapable de retenir un gros mot. D'autant plus que, cette fois-ci, ce gros mot est tout à fait approprié. Pas la peine, donc, de l'écrire ici.

En attendant la machine à laver les bébés

Passons rapidement sur les détails de l'opération de nettoyage qui a suivi. Enlèvement du pantalon et de la couche. Dépôt de la couche aux ordures et du pantalon sur la pile de linge sale. Nettoyage du plancher avec une serviette. Lavage des fesses de Fanfan avec une débarbouillette propre. Constatation que Fanfan a plutôt besoin d'un bain. Remplissage de la baignoire. Dépôt du bébé dans la baignoire malgré ses protestations. Lavage complet du bébé, tête comprise, accompagné d'éclaboussements d'eau sur le parquet de la salle de bains. Vidage de la baignoire.

Séchage du bébé avec une autre serviette. Pose d'une couche propre.

Momo est épuisé. Il décide que, quand il sera grand, il inventera la machine à laver les bébés. On n'aura qu'à y mettre le bébé tout habillé, et la machine va le déshabiller, le laver et le ressortir tout propre à la fin du cycle, avec une nouvelle couche et des vêtements bien lavés eux aussi.

La salle de bains est maintenant encombrée d'un énorme tas de serviettes et de débarbouillettes, dans lequel se retrouvent aussi tous les vêtements de Fanfan.

— Toi, viens t'asseoir ici.

Il prend la main du bébé, l'installe dans la chaise haute. Pour l'occuper, il lui donne des crayons de couleur et un cahier.

— Pas bouger, compris ? Sinon, Momo très fâché.

Momo s'est efforcé de parler en bébé, mais ça n'a rien donné : Fanfan ne fait ni oui ni non, ni de la tête ni de la bouche. Au moins, il s'empare d'un crayon rouge et entreprend un dessin.

Son grand frère hésite. Maintenant que le petit est tranquille, il peut s'occuper du ménage de la salle de bains. Il est par contre un peu fâché que Lucie et Emmanuel l'aient abandonné avec Fanfan sans le prévenir de ce qui l'attendait.

Ça ne l'empêche pas de songer qu'il ne reste plus de pantalon propre dans le sac bleu de son frère.

Tant qu'à laver les vêtements de Fanfan, aussi bien remplir la cuve de la machine à laver avec des serviettes et des débarbouillettes. Momo sait comment se servir de l'appareil.

Il le remplit juste assez, ajoute un bouchon de détergent liquide, choisit le cycle « eau froide » et appuie sur le bouton de mise en marche.

Il songe un instant qu'il pourrait essayer de mettre Fanfan avec le linge. Trop tard : le petit est déjà tout propre.

De temps en temps, Momo jette un coup d'œil dans la salle à manger pour s'assurer que son demi-frère ne fait pas de dégâts derrière son dos. Pas de problème : Fanfan dessine avec l'ardeur d'un artiste professionnel. Des dessins abstraits. Cela ressemble aux meilleurs tableaux de monsieur Pacossi, le voisin, un artiste de réputation internationale. Momo passe d'ailleurs à un cheveu de lui téléphoner pour lui dire de venir voir ça. Il se ravise : ce ne serait pas très gentil. Surtout si monsieur Pacossi se rend compte que les dessins du petit valent bien les siens.

Le lavage progresse. Il ne restera bientôt plus qu'à faire sécher le linge. Peut-être séchera-t-il plus rapidement sur la corde qui longe la galerie à l'arrière de la maison ? Les nuages ont disparu, le soleil brille, le vent s'est levé. Fanfan est assis bien sagement dans sa chaise haute.

Momo en profite pour étendre le linge. Il se dépêche et revient dans la salle à manger. Pas la moindre catastrophe en vue. Tout est en ordre, y compris les crayons et le papier. Sauf qu'il y a un os. Un gros : le petit n'est plus là, dans sa chaise haute – ou plutôt l'ex-chaise haute de son grand frère.

— Fanfan ? appelle Momo d'une voix inquiète. Fanfan, où es-tu ?

Il n'est pas dans la pièce, en tout cas. Ni dans la cuisine, ni dans le boudoir.

Momo ouvre le placard près de l'entrée. Pas de Fanfan. C'est là qu'il aurait dû l'emprisonner. Il aurait fermé la porte à clé et aurait été tranquille. Tant qu'à faire, il aurait pu jeter la clé dans les toilettes et tirer la chasse d'eau.

Momo se lance dans l'escalier et monte les marches quatre à quatre, prêt à attraper son demi-frère s'il lui prenait la fantaisie de débouler pour revenir en bas plus rapidement.

Fanfan n'est pas en haut.

En redescendant à toute vitesse, Momo rate une marche. Heureusement, c'est la dernière et il arrive à se redresser avant de se casser le nez contre le mur.

La porte du côté de la rivière est bien fermée. Impossible que le petit soit sorti par là. Il ne s'est donc pas noyé.

La porte avant ? Momo y court. Horreur ! En rentrant tout à l'heure, il a oublié de mettre le loquet. Il n'aurait jamais cru que Fanfan serait assez grand pour tourner la poignée !

Momo se précipite dehors. Il imagine le corps d'un bébé écrasé par un camion. Impossible qu'un enfant survive à un choc pareil. Momo a un moment d'hésitation. Devrait-il rentrer, faire le 9-1-1 pour demander de l'aide : « Au secours ! Mon petit frère est sorti de la maison, et il a peut-être été frappé par une auto ou un camion. »

Oui, il dirait « mon petit frère », pas « mon demi-frère ». On ne sait jamais, ça pourrait faire arriver l'ambulance plus vite.

Avant de téléphoner, il court jusqu'au chemin. Il n'y a pas de bébé écrasé. Momo va jeter un coup d'œil dans le fossé de l'autre côté. Pas de cadavre, ni de bébé blessé, là non plus.

Aucun signe de Fanfan. Momo décide de rentrer, d'appeler le 9-1-1 pour signaler la disparition de son petit frère. Peut-être a-t-il été enlevé par un maniaque ?

Il s'approche du téléphone fixé au mur dans la salle à manger, le décroche, regarde autour de lui et constate que le bébé n'a pas réapparu par miracle.

Momo fait le 9. Mais que voit-il au pied de l'escalier ? Deux petites choses blanches dépassent sous la tenture, entre la fenêtre et les marches. Momo continue avec un premier 1. Il ne fait pas le deuxième 1. Parce que ces deux petites choses ressemblent beaucoup à des chaussettes de bébé sur des orteils de bébé.

Il s'en approche sans faire de bruit, puis écarte le rideau. Fanfan est là, assis sur une marche, les yeux cachés derrière ses mains.

— Fanfan ! s'exclame Momo avec un mélange de reproche et de soulagement.

Le petit écarte ses mains, regarde Momo et lance un joyeux :

— Coucou !

Momo, qui était au bord de la crise de nerfs il n'y a pas dix secondes, ne peut pas se retenir de répéter joyeusement :

— Coucou !

Il ne peut pas s'empêcher, non plus, de se dire qu'il y aurait un moyen de se débarrasser de son problème : mettre le petit dans la cuvette des toilettes, le pousser bien au fond et tirer la chasse d'eau.

Il sait qu'il ne pourrait pas faire ça. Pas à son frérot, en tout cas.

Mais parfois, penser à des choses qu'on ne fera pas, ça fait un petit peu de bien pendant le temps qu'on y pense.

Comment surveiller le bébé quand on part à la pêche

Momo a servi un verre de lait à Fanfan, qui l'a bu sans le renverser parce que Momo a préféré utiliser le verre d'entraînement qu'il a trouvé dans le sac bleu, près des biberons. Le petit a tout essayé : il l'a mis à l'envers, l'a jeté par terre. Peine perdue : pas une goutte de lait n'a coulé, au grand plaisir de Momo qui se tenait pourtant à côté de lui, un chiffon à la main, prêt à essuyer les dégâts.

Tout à coup, quelqu'un frappe à la porte de derrière. Qui cela peut-il être ? Monsieur Pacossi ? Ou Jessica, qui, à son retour de chez son grand-père, aurait appris que Momo garde son demi-frère et viendrait voir comment il s'en tire avec le petit monstre ? Il ne se débrouille pas si mal, finalement. Pas la peine de parler de ses déboires. Momo se sent obligé de protéger la réputation de son petit frère. En tout cas, il ne dira à personne tous les soucis qu'il lui a occasionnés. Oui, il a dû le changer de couche, deux fois plutôt qu'une et ce n'est peut-être pas fini, mais tous les bébés sont comme ça. Ils ont même joué à cache-cache ensemble.

— Entrez ! crie-t-il.

Simon Dubois entre en s'exclamant :

— Viens à la pêche, Momo, j'ai une chaloupe !

La bouche de Momo s'ouvre aussitôt pour s'écrier « Oui ! » Il adore la pêche, justement parce qu'il n'a jamais pris un seul poisson digne de ce nom. Il a pêché des barbotes au moment du frai, alors qu'on ne peut pas faire autrement qu'en prendre. Il a attrapé des crapets-soleil, qu'il rejetait à l'eau parce qu'on y trouve plus d'arêtes que de chair. Mais des dorés, des aloses, des chevaliers cuivrés, des achigans ou des anguilles ? Momo n'en a jamais eu au bout de sa ligne, parce que pour les pêcher, il faut une barque capable de naviguer au centre de la rivière Saint-Romain.

Et Simon a trouvé une chaloupe ! L'a-t-il empruntée avec ou sans la permission de son propriétaire ? Peu importe : avec un bateau, Momo est quasiment sûr d'avoir presque une chance sur cent d'attraper un vrai poisson.

Par contre, Momo prend vite conscience de l'obstacle insurmontable à cette partie de pêche miraculeuse : le petit frère. Il laisse entrer Simon et lui montre l'obstacle en question.

— Pas question, je garde mon petit frère.

Comme Simon écarquille les yeux d'étonnement, parce qu'il est impossible que son ami ait pu lui cacher qu'il avait un frère et Lucie un bébé, Momo s'explique :

— C'est le fils de mon père, qui s'est remarié avec une Française. Ça fait que c'est mon demi-frère. Il est trop petit pour que je le laisse tout seul.

— On va l'emmener. Je gage qu'il va attraper plus de poissons que toi !

Simon rit, mais Momo ne trouve pas ça drôle. Il proteste :

— S'il tombe à l'eau, il va se noyer.

— Ouais, reconnaît Simon. Il y a deux gilets de sauvetage dans la chaloupe, mais ils sont trop grands pour lui. On pourrait faire une ceinture avec une chambre à air de vélo qu'on tortillerait autour de lui. Comme ça, s'il tombe à l'eau, on pourra le repêcher.

Le regard furieux de Momo suffit comme réponse. Simon réfléchit encore.

— Je sais ce qu'on va faire, dit-il après un moment. Il a un soulier, ton petit frère ?

— Oui, comme de raison, il en a deux, répond Momo en désignant les petites chaussures qu'il a déposées près de la porte pour éviter de les remettre à Fanfan chaque fois qu'il lui change sa couche.

— Un, ça va être assez. Tu as bien une vis et un tournevis ?

— Oui, dans le coffre à outils...

— On va prendre une vis, on va la rentrer dans un des souliers du petit et on va visser le soulier au milieu du plancher de la cuisine. Après ça, on va lui mettre le pied dedans et attacher les lacets bien serrés. Comme ça, il va pouvoir rester debout, mais il ne pourra pas se faire mal ni jouer avec des allumettes. Il sera en parfaite sécurité. Encore mieux que dans un siège de bébé dans une auto ! Et nous autres, on va attraper plein de poissons. Je gage que ton frère aime le poisson. Tous les bébés adorent ça, le poisson.

Fanfan raffole-t-il du poisson autant que des Mini-Blés givrés ? Rien n'est moins sûr. Mais une chose est certaine : Momo n'abandonnera jamais son petit frère cloué au milieu de la pièce. S'il y avait un incendie ? Ou si Emmanuel et Lucie arrivaient avant que les garçons soient revenus de leur partie de pêche ? De toute façon, il n'est pas question que Momo traite son petit frère de cette manière.

— Dehors, fait simplement Momo sans élever la voix.

— Quoi ?

— Dehors ! j'ai dit.

Un proverbe de trop n'a jamais fait de mal à personne

Grâce au vent et au soleil, les vêtements de Fanfan ont séché rapidement. Momo va les chercher avec son frère. Il le hisse au bout de ses bras pour qu'il puisse enlever lui-même les pinces à linge. Ça amuse bien Fanfan, même s'il laisse tomber cinq ou six pinces dans la plate-bande sous la galerie.

— Nous deux, on fait une sacrée bonne équipe, dit Momo.

— Kip, répète le petit.

Le voilà bientôt habillé de propre. Momo s'est assuré que sa couche était sèche avant de lui enfiler son pantalon.

— Sois gentil, Fanfan, essaie de te retenir jusqu'à ce que ton père arrive.

Il se reprend aussitôt :

— Notre père, je veux dire.

Ils s'assoient sur la galerie de derrière, Fanfan sur les genoux de Momo qui a repris son livre. C'est une histoire d'horreur, à faire peur. Mais comme le roman n'est pas illustré, Momo raconte n'importe quoi au petit, qui tourne une page toutes les dix secondes. Parfois dans la bonne direction, mais dès qu'il approche de la fin du livre, il revient en arrière.

Momo commence à s'habituer à l'idée d'avoir un petit frère. Serait-il capable de vivre 365 jours par année avec Fanfan ? Et un jour de plus, les années bissextiles ? Probablement. Surtout qu'avec les années, la différence d'âge s'atténuera. Momo ne sera pas toujours presque dix fois plus vieux que Fanfan. Par exemple, ils pourront un jour aller à la pêche ensemble.

Le vrai problème, c'est plutôt que si Emmanuel achète le restaurant de Bougainville et revient habiter avec Lucie, Fanfan vivra la même pénible expérience que Momo quand ses parents se sont séparés : qu'il reste avec son père ou avec sa mère, il sera privé de l'autre. Surtout si un océan les sépare.

Momo n'a pas le droit de laisser Lucie et Emmanuel faire ça à Fanfan. Ni à Brigitte, mais c'est une adulte, elle survivrait à un coup pareil. Lucie y a bien survécu. Fanfan, lui, est un bébé. Et c'est fragile, un bébé, même si c'est capable de résister à l'appétit d'un bouc affamé.

Que faire pour les en empêcher ? Momo pourrait faire croire qu'il trouve Fanfan insupportable. Pas difficile : c'était vrai il y a une heure ou deux. Ou dire qu'il n'a pas envie d'avoir un petit frère, qu'il est très bien comme ça, fils unique. Mais, dans un cas comme dans l'autre, cela les pousserait à laisser le bébé à Brigitte, en France. Et Fanfan serait, comme Momo, privé de son père.

Ah, voilà une meilleure idée : Momo dira à Emmanuel que Lucie a un amoureux ! D'ailleurs, c'est vrai. Ou du moins, c'était vrai jusqu'au retour d'Emmanuel à Sinro. Raymond Laliberté, le père de Jessica, est l'amoureux de Lucie. Pas amoureux au point de se marier ou de vivre ensemble tout le temps – seulement une nuit de temps en temps. Mais Momo peut exagérer un petit peu. Dire à Emmanuel que Raymond passe beaucoup de nuits ici. (C'est combien, beaucoup ? Le dictionnaire ne le dit pas.) Qu'ils ont parlé de se marier (ce qui est vrai, même si après en avoir parlé, ils ne l'ont pas fait). Que lui-même, Momo, a très hâte d'avoir Raymond comme nouveau père. Cela risque de faire de la peine à Emmanuel, mais on n'évite pas des divorces sans casser des cœurs.

Le frère
de son frère
et le fils
de son père

— Oh, qu'il est mignon, ton petit frère ! Et vous êtes tellement beaux ensemble !

C'est la voix de Jessica qui tire Momo de ses réflexions.

Elle est arrivée avec son père. Et ils sont passés par le côté de la maison, puisque Momo a verrouillé la porte avant pour empêcher Fanfan de s'enfuir par là.

Sans lui demander la permission, Jessica s'empare du petit, qui lui adresse son plus beau sourire. Elle est si jolie que même les bébés ne peuvent pas faire autrement que s'en apercevoir. Elle s'assoit avec Fanfan sur ses genoux. Momo se lève, serre la main de Raymond.

Va-t-il lui parler d'Emmanuel ? Lui dire de faire attention, sinon il risque de perdre Lucie ? Lui suggérer, peut-être, de la demander en mariage sans plus tarder, avant qu'Emmanuel ait le temps d'annoncer à Brigitte qu'il veut divorcer ?

Il est peut-être déjà trop tard. Et puis, c'est trop compliqué. Momo décide de se taire pour l'instant. D'autant plus que le bébé se met à geindre et tend ses bras vers Momo.

— On dirait qu'il préfère tes genoux, grimace Jessica.

Elle a l'air vexée. Momo reprend Fanfan. Le petit cesse aussitôt de pleurnicher et retrouve le sourire. Momo croit comprendre pourquoi : quand il est sur ses genoux à lui, il peut regarder Jessica, alors que, de ceux de Jessica, il voit seulement son grand frère, qu'il a assez vu pour aujourd'hui.

De toute façon, une autre voix se fait entendre. Une voix chevrotante, que Momo connaît bien :

— Bonjour, mes amis. Je peux entrer ? Je sais qu'on ne peut pas entrer dans une galerie extérieure, mais est-ce que je peux entrer quand même ?

C'est monsieur Pacossi, qui monte sur la galerie sans attendre la réponse. Lui aussi se dit épaté par le sourire du petit. Il ne peut pas deviner à quel point Fanfan peut être une peste quand il s'y met.

— C'est incroyable comme il te ressemble ! Ça se voit que vous avez le même père.

Momo regarde son petit frère. Il ne lui ressemble pas du tout.

— C'est vrai, renchérit pourtant Jessica. Vous avez le même nez, le même menton. Les mêmes yeux, avec du brun et un peu de vert aussi, au soleil.

Monsieur Pacossi s'est assis et tend les bras à Fanfan, qui fait la moue et refuse d'aller sur des genoux si vieux. Le peintre n'insiste pas. Sans doute n'a-t-il pas très envie de prendre un bébé sur ses genoux. Il est assez vieux pour savoir qu'un bébé, ça fait pipi plus souvent qu'à son tour.

Il ne manque plus que Lucie et Emmanuel. Ils arrivent quelques minutes plus tard. Momo est aussitôt rassuré, parce que Lucie se jette dans les bras de Raymond et l'embrasse tendrement. Plus que d'habitude, semble-t-il à Momo, qui en conclut qu'elle fait exprès pour rendre Emmanuel jaloux. Ou, au contraire, qu'elle s'efforce de rassurer Raymond après son repas en tête à tête avec Emmanuel.

« C'est compliqué, les adultes », songe Momo.

— Puis, tu t'es bien amusé avec Fanfan ? s'informe Emmanuel.

— Ç'a été parfait, répond Momo.

Momo n'a pas menti. Il a dit ça parce qu'il le pense. Si on lui demandait des détails, il avouerait qu'il a eu quelques petits et gros problèmes, mais personne ne semble vouloir en savoir plus long, puisque Lucie raconte :

— Raymond, je t'avais dit qu'Emmanuel viendrait cet été présenter son demi-frère à Momo. Quand j'ai réservé une table pour fêter ton anniversaire, ce soir, à La Cuiller à pot, monsieur Dommanget m'a annoncé qu'il veut vendre son restaurant. Emmanuel est arrivé et m'a dit qu'il songeait peut-être à en acheter un au Québec. Alors, on est allés faire un tour, pour voir.

— La Cuiller à pot, c'est bien, explique Emmanuel, mais c'est trop grand. Brigitte et moi, on préférerait un restaurant plus intime, pour avoir le moins de personnel possible. De toute façon, je pense qu'on sera mieux à Paris. Brigitte a vaguement envie de déménager au Québec, mais je doute qu'elle s'y plairait. Les hivers sont pas mal plus froids que là-bas.

— De toute façon, poursuit Lucie, la cuisine était fermée. Alors on a bu du café et parlé de choses et d'autres. De Maurice, surtout.

— Ta mère est très fière de toi, précise Emmanuel. Moi aussi, bien sûr.

Momo écarquille les yeux. Lucie est fière de lui ? Elle aurait dû le lui dire plus tôt, au lieu de faire la grimace chaque fois qu'il n'a pas que des A dans son bulletin. Par contre, il est soulagé. Il vient de comprendre que si sa mère s'est faite si belle, ce n'était pas pour Emmanuel, mais pour fêter son amoureux.

Tandis que les autres souhaitent bon anniversaire à Raymond Laliberté, Lucie ordonne à Momo :

— Maurice, irais-tu chercher la bouteille de rosé ? Je suis sûre que monsieur Pacossi prendrait un verre de vin.

Monsieur Pacossi ne dit ni oui ni non. Momo interprète ça comme un oui. Il se lève, veut déposer Fanfan sur les genoux de son père, mais le petit proteste encore et s'accroche à Momo. Pourtant, des genoux de son père, il pourrait aussi bien admirer Jessica que depuis les genoux de son grand frère.

— Je peux y aller, propose Raymond, qui entre aussitôt dans la maison.

Momo se rassoit et la conversation se poursuit. Lucie apprend à Emmanuel que Jessica est la fille de Raymond et la petite amie de Maurice. Et elle ajoute :

— Le plus drôle, c'est que Raymond et moi on s'aime bien, aussi.

— Je l'avais deviné, dit Emmanuel en souriant.

Voilà Momo tout à fait rassuré : Lucie n'a aucune intention de séduire son ex-mari. Emmanuel conclut :

— Je suis content de voir que tout s'arrange pour toi, Lulu.

Momo remarque la moue de sa mère. Elle n'aime pas qu'on l'appelle Lulu. C'est d'ailleurs pour ça qu'elle n'appelle presque jamais Momo autrement que Maurice.

— Ça n'a pas toujours été facile, dit-elle, mais ça va très bien, maintenant.

Raymond revient avec la bouteille et des verres. Emmanuel se lève.

— Pas pour moi, il faut qu'on parte. Ma mère nous attend, dans les Laurentides. Elle n'a pas encore vu son petit-fils. Je veux dire, son deuxième petit-fils.

Ce n’est qu’un au revoir, Momo !

Emmanuel tend les bras à Fanfan. Encore une fois, le petit se détourne de lui, s'accroche à son frère, même s'il ne sait pas que c'est son frère, ni même son demi-frère.

— Il doit penser qu'on va prendre l'avion, suppose Emmanuel. Il a détesté ça.

Il s'adresse à Fanfan :

— Non, on ne va pas en avion, on va chez mamie, en auto.

Ou bien Fanfan ne comprend pas ce qu'on lui dit, ou bien il n'a aucune envie d'aller voir sa grand-mère. Il se met à hurler et s'accroche au cou de Momo, qui ne sait pas trop quoi faire. Ou plutôt oui, il sait bien qu'il doit remettre le bébé dans les bras de son père. Allez comprendre pourquoi, il n'a pas vraiment envie de le repousser.

Emmanuel saisit le petit à la taille et le prend dans ses bras. Fanfan réussit à s'accrocher d'une main à une oreille de Momo et l'arrache presque, mais il est finalement forcé de lâcher prise.

— Allez, finis les caprices, dit gentiment Emmanuel.

Tout le monde les suit le long de la maison, jusqu'à la voiture de location.

— Tiens-le une seconde, demande Emmanuel à Lucie.

Le bébé se contorsionne, fuit les mains tendues de Lucie et atterrit plutôt dans les bras de Momo. Emmanuel ouvre la portière, reprend le petit, l'installe dans son siège. Fanfan tient un des doigts de Momo dans sa menotte et refuse de le laisser aller.

— Momo, peux-tu le lâcher, s'il te plaît ? s'impatiente Emmanuel.

Momo aurait envie de protester que ce n'est pas lui qui retient Fanfan; c'est le petit qui s'accroche à lui. Il n'empêche qu'il aimerait toucher encore un peu la main de son frère. Finalement, il doit se résoudre à prendre son autre main pour dégager les doigts de Fanfan. Emmanuel referme la portière. Le petit se résigne à perdre cet ami avec qui il vient de passer un joyeux après-midi à jouer aux Animix et à donner à manger aux « sèves ». Deux larmes roulent sur ses joues.

Emmanuel s'approche de Momo.

— J'espère que tu vas venir nous voir bientôt, à Nice. Ou à Paris.

Il met une main sur la tête de Momo, lui ébouriffe les cheveux. Puis il fait un geste que Momo n'osait pas espérer : il serre son fils aîné contre lui, l'enlace pendant de longues secondes. Momo lève les mains lui aussi et enserre son père à son tour. Il n'ose pas regarder le visage d'Emmanuel, parce qu'il sent que des larmes commencent à se former et risquent de surgir dans ses yeux. Lucie dit souvent qu'un homme a le droit de pleurer autant qu'une femme. Momo est d'accord, mais à une condition : que personne ne le voie.

Après un long moment, Emmanuel s'écarte et murmure :

— Je pense à toi souvent, tu sais.

Il ouvre la portière du conducteur. Momo se retourne vers le bébé, à l'arrière.

— Au revoir, Fanfan, chuchote-t-il.

Le petit l'a-t-il entendu, à travers la vitre ? Ce serait étonnant, mais Momo jurerait qu'il a vu ses lèvres murmurer, de son côté :

— Bye, Momo !

La voiture se met à reculer vers la route, puis s'éloigne lentement. Fanfan se retourne dans son siège. Il a un pouce dans la bouche. Momo a le réflexe de faire comme lui, mais il se retient. Il n'est plus un bébé.

Cela n'empêche pas des larmes de sourdre encore plus fort au coin de ses yeux. Il s'efforce de les retenir, y arrive à peu près. Pas tout à fait.

— Ça va, Momo ? demande Jessica à côté de lui.

— Ça va. Fanfan m'a juste fait un petit peu mal à l'oreille.

Jessica ne se donne pas la peine d'examiner l'oreille de Momo. Elle préfère s'emparer de sa main. Et elle la serre dans les siennes, tendrement.

La Réunion (océan Indien),
mai et juin 2008.

Du même auteur

Adulte

Petit chien pas de pattes, L'Écailler, 2008.
Chroniques de Saint-Placide de Ramsay, Fayard, 2007.
Bonheur Tatol, XYZ, 2006.
Bossalo, XYZ, 2005.
Route barrée en Montérégie, Libre Expression, 2003.
L'ennui est une femme à barbe, Gallimard (Série Noire), 2001.
J'enterre mon lapin, VLB Éditeur, 2001.
Chiens sales, Gallimard (Série Noire), 2000.
Tant pis, VLB Éditeur, 2000.
Cadavres, Gallimard (Série Noire), 1998.
Vie sans suite, Libre Expression, 1997.
Vie de Rosa, Libre Expression, 1996.
Moi, les parapluies... Libre Expression, 1994.
Pas tout à fait en Californie, Libre Expression, 1992.
Le voyageur à six roues, Libre Expression, 1991.
Ailleurs en Arizona, Libre Expression, 1991.
Je vous ai vue, Marie, Libre Expression, 1990.
Nulle part au Texas, Libre Expression, 1989.
Les plaines à l'envers, Libre Expression, 1989.
Aaa, Aâh, Ha ou les amours malaisées, L'Hexagone, 1986.
Ville-Dieu, Libre Expression, 1983.
La tribu, Libre Expression, 1981.
Agénor, Agénor, Agénor et Agénor, Les Quinze, 1981.

NOUVELLES

Rire noir, XYZ, 2004.
Longues histoires courtes, Libre Expression, 1992.

ESSAIS

Carnets de campagne, ill. Jean-Paul Ladouceur, Les Heures Bleues, 2002.
Écrire en toute liberté, Éditions Trois-Pistoles, 2001.

Site Internet de l'auteur : www.barcelo.ca

Fiches d'exploitation pédagogique

Vous pouvez vous les procurer sur notre site Internet à la section jeunesse / matériel pédagogique.

www.quebec-amerique.com

PROTÉGEONS NOS FORÊTS

L'impression de cet ouvrage a permis de sauvegarder l'équivalent de 11 arbres de 15 à 20 cm de diamètre et de 12 m de hauteur.

Achevé d'imprimer au Canada
en janvier 2009
sur les presses de Imprimerie Lebonfon
Val-d'Or (Québec)